# WITTGENSTEIN
*em 90 minutos*

# FILÓSOFOS
## *em 90 minutos*

. . . . . . . . .

*por Paul Strathern*

Aristóteles em 90 Minutos
Berkeley em 90 Minutos
Bertrand Russell em 90 Minutos
Confúcio em 90 Minutos
Derrida em 90 Minutos
Descartes em 90 Minutos
Foucault em 90 Minutos
Hegel em 90 Minutos
Hume em 90 Minutos
Kant em 90 Minutos
Kierkegaard em 90 Minutos
Leibniz em 90 Minutos
Locke em 90 Minutos
Maquiavel em 90 Minutos
Marx em 90 Minutos
Nietzsche em 90 Minutos
Platão em 90 Minutos
Santo Agostinho em 90 Minutos
São Tomás de Aquino em 90 Minutos
Sartre em 90 Minutos
Schopenhauer em 90 Minutos
Sócrates em 90 Minutos
Spinoza em 90 Minutos
Wittgenstein em 90 Minutos

# WITTGENSTEIN
## (1889-1951)
## *em 90 minutos*

Paul Strathern

*Tradução:*
Maria Helena Geordane

*Consultoria:*
Danilo Marcondes
*Professor-titular do*
*Deptº de Filosofia, PUC-Rio*

Jorge Zahar Editor
Rio de Janeiro

Título original:
*Wittgenstein in 90 minutes*

Tradução autorizada da primeira edição inglesa,
publicada em 1996 por Constable,
de Londres, Inglaterra


Jorge Zahar Editor Ltda.
rua México 31 sobreloja
20031-144 Rio de Janeiro, RJ
tel: (21) 2240-0226 / fax: (21) 2262-5123
e-mail: jze@zahar.com.br
site: www.zahar.com.br



Capa: Ana Paula Tavares
Ilustração: Lula

CIP-Brasil. Catalogação-na-fonte
Sindicato Nacional dos Editores de Livros, RJ.

Strathern, Paul
S891w Wittgenstein (1889-1951) em 90 minutos / Paul Strathern; tradução, Maria Helena Geordane; consultoria, Danilo Marcondes. — Rio de Janeiro: Jorge Zahar Ed., 1997.
. — (Filósofos em 90 minutos)

Tradução de: Wittgenstein in 90 minutes
ISBN 85-7110-418-2

1. Wittgenstein, Ludwig, 1889-1951. 2. Filosofia alemã. I Título. II. Série.

CDD - 193
97-1103 CDU - 1(43)

# SUMÁRIO

# INTRODUÇÃO

A se acreditar na palavra de Wittgenstein, ele é o último filósofo. Do seu ponto de vista, a filosofia no sentido tradicional – desde sua criação pelos gregos antigos há vinte e cinco séculos – chegara ao fim. Depois do que fizera à filosofia, ela já não era possível. Parece coerente que a filosofia devesse terminar com seu praticante mais limitado. Ludwig Wittgenstein era um lógico brilhante, e sua solução para os problemas da filosofia consistia em reduzi-los à lógica. Tudo mais seria excluído – metafísica, estética, ética e, finalmente, até a própria filosofia. Wittgenstein procurou a "solução final" para a filosofia, com o objetivo de encerrar a questão de uma vez por todas. Tentou uma vez, não conseguiu; tentou uma segunda vez e teve êxito.

# VIDA E OBRA

. . . . . . . . . . . .

À exceção talvez de Leibniz, Wittgenstein é o único dos grandes filósofos a produzir duas filosofias distintas. E quando se considera que ambas tinham como meta pôr um fim à filosofia, começa-se a ter uma medida da dedicação perversa de seu autor.

Obviamente seu pai tinha a ver com isso. Parece apropriado também que Wittgenstein tenha crescido do outro lado da cidade onde Sigmund Freud recentemente instalara o divã mais famoso do mundo. O pai de Wittgenstein, Karl, era um tirano. Na época em que o jovem Ludwig apareceu em cena, era um dos reis industriais sem coroa da Europa (mais poderoso ainda que Krupp), com uma influência determinante no cenário cultural vienense (Brahms costumava tocar em sua casa depois do jantar, e no mundo da arte Karl Wittgenstein participou pessoalmente da criação da Sezession de Viena). Tinha personalidade dominadora, intelecto de primeira linha, uma profunda compreensão da cultura, transbordava autoconfiança e conseguia encantar os pássaros nas árvores (nos dias em que não tinha vontade de enxotá-los dos galhos a tiros). O efeito sobre a família era catastrófico. O jovem Ludwig tinha quatro irmãos mais velhos, quase todos, ao que parece, brilhantes, excepcionalmente suscetíveis e homossexuais. Três deles cometeriam suicídio – uma possibilidade a que Ludwig se agarrou como a um talismã durante toda sua vida. O irmão que sobreviveu tornou-se concertista de piano, perdeu a mão direita na Primeira Guerra Mundial e, mais tarde, prosseguiu sua carreira – encomendando concertos para a mão esquerda, inclusive o célebre composto por Ravel. Não era considerado tão brilhante quanto seus irmãos, nem mesmo o melhor pianista.

Ludwig Wittgenstein nasceu em Viena em 26 de abril de 1889 e foi criado num palácio na elegante Alleegasse (atualmente Argentinierstrasse), entre a Ringstrasse e a Südbahnhof. Ali foi educado por professores particulares, em atmosfera de grande intensidade cultural (os geniais irmãos suicidas praticavam no piano de cauda até a madrugada, uma irmã se fazia retratar por Klimt e rejeitava os Goya da coleção da família porque "estavam fora de tom"). Aos dez anos o jovem Ludwig projetou e construiu sozinho com pedaços de madeira e arame, um protótipo de máquina de costura. Aos quatorze, assoviava movimentos inteiros de uma série de sinfonias famosas. Tais atividades parecem ter sido o máximo que se aproximou do que se considera brincar à maneira de uma criança comum.

Em 1903 Wittgenstein deixou sua casa pela primeira vez para freqüentar a Realschule em Linz, onde estudou matemática e ciência. Curiosamente, Hitler estava nessa escola na mesma época. Tinham ambos a mesma idade e deveriam ter estudado na mesma classe. Wittgenstein se considerava um aluno medíocre e, no entanto, foi colocado num nível acima de seu grupo etário; Hitler destacou seu próprio brilho entre os companheiros estúpidos, mas de acordo com os registros da escola foi mantido em nível inferior ao de seu grupo etário – de modo que a mediocridade e o gênio supremo nunca se encontraram.

Mais tarde, Wittgenstein estudou engenharia mecânica durante dois anos na Technische Hochschule em Charlottenburg, Berlim, e em 1908 partiu para continuar seus estudos na Inglaterra. Nos três anos seguintes desenvolveu pesquisas em aeronáutica na Universidade de Manchester e realizou experiências com pipas na Upper Atmosphere Station perto de Glossop, em Derbyshire. Nesse período Wittgenstein ainda não exibia sinais do que estava por vir. Nada sabia de filosofia e era considerado *bastante* inteligente (com certeza não brilhante) por seus colegas. À maneira inglesa típica da época, os colegas tendiam a considerá-lo meramente um alemão excêntrico. Estavam errados; era um austríaco excêntrico – uma estirpe rara, mas em geral mais idiossincrática. Wittgenstein era meticulosamente polido; no entanto, capaz de fúria avassaladora quando algo saía errado em seus experimentos. Nas relações com as pessoas transmitia um refinamento vienense cosmopolita, mas logo se tornou evidente para os colegas que não fazia idéia de como se portar socialmente com pessoas comuns (ou seja, pessoas que não fossem os gênios, magnatas e estadistas que freqüentavam o Palais Wittgenstein). Trabalhava como um fanático o dia inteiro, sem um único intervalo, para depois se deitar num banho escaldante a noite toda, pensando em suicídio. Num domingo em que queria ir a Blackpool com um colega e perderam o trem, sugeriu que alugassem um trem só para os dois.

Como parte de sua pesquisa, Wittgenstein decidiu projetar um motor. Os problemas acarretados por esse trabalho levaram-no à teoria matemática, fato que parece ter desencadeado nele algum impulso inconsciente. Em tempo notavelmente curto seu intelecto se concentrou, assumindo toda a pujança de sua intensa personalidade. O motor e a matemática que o acompanhava foram logo esquecidos à medida que aprofundava seus questionamentos, até que finalmente passou a investigar os próprios fundamentos da matemática. Era como se sua mente estivesse presa à necessidade de descobrir uma base de certeza absoluta no mundo. Talvez não tenha sido por acaso que, mais ou menos nessa época, seus irmãos tenham começado a cometer suicídio e seu pai tenha se tornado um doente terminal, vítima de câncer.

Quem conhecia os fundamentos da matemática? Falaram a Wittgenstein do recente trabalho pioneiro desenvolvido por Bertrand Russell e ele logo começou a ler os *Princípios matemáticos*, último trabalho do autor sobre o assunto. Nele, Russell tentava provar que os fundamentos da matemática eram de fato lógicos, e que toda a matemática pura poderia derivar de alguns princípios lógicos básicos. A sua tentativa, porém, tropeçara num paradoxo. Ele tentou definir o número através de classes. Algumas classes são membros de si mesmas e outras não. Por exemplo, a classe dos seres humanos não é membro de si mesma porque não é um ser humano. Não obstante, a classe de seres não-humanos é membro de si mesma. Mas será a classe de todas as classes que não são membros de si mesmas membro de si mesma? Se o for, não é. No entanto, se não o for, é. Todo o status da matemática se assenta nesse paradoxo explosivo que, de acordo com o autor, afetava "os próprios fundamentos da razão". Finalizava seu livro desafiando "todos os estudantes de lógica" a solucioná-lo. Wittgenstein decidiu de pronto que era membro dessa classe que não era membro de si mesma e mergulhou no problema. Propôs uma solução radical, rejeitando todo o conceito de classes como uma hipótese não fundamentada.

Russell, por sua vez, rejeitou a solução de Wittgenstein, embora ao mesmo tempo admirasse sua engenhosidade. Mas Wittgenstein não era tão fácil de ser descartado. Em 1911, viajou a Cambridge para visitar Russell. Decidiu de imediato estudar filosofia com ele e abandonar a engenharia (profissão que seu pai escolhera: o jovem Ludwig devia ser o membro *útil* da família).

Russell recebera muito mais do que esperava. Na época, era o principal filósofo da Europa, embora isso fosse questionável; Wittgenstein lera apenas um livro sobre filosofia (mais de matemática do que de filosofia). Ainda assim, Wittgenstein começou a freqüentar Russell a qualquer hora do dia ou da noite, e insistia em ocupá-lo por horas a fio na mais intensa especulação "filosófica" – algumas vezes relacionada com lógica, outras com suicídio. Segundo Russell, ele tinha "paixão e veemência" e a sensação de que "deve-se compreender ou morrer". No entanto, quando se convencia de que realmente entendia, nada podia convencê-lo do contrário. Recusou-se a aceitar a crença de Russell no empirismo: a possibilidade de adquirir conhecimento a partir de nossa experiência. O conhecimento, dizia, limitava-se à lógica. Quando Russell afirmou que sabia não haver rinocerontes na sala, recusou-se a aceitar. Era logicamente possível *haver* um rinoceronte na sala. Russell perguntou-lhe então onde esse rinoceronte poderia estar, e começou a procurar atrás das cadeiras e debaixo da mesa. Ainda assim, negou-se terminantemente a aceitar que Russell soubesse com certeza que não havia rinocerontes na sala.

Felizmente (ou talvez infelizmente, para a filosofia), Russell logo compreendeu que seu novo aluno, muito intenso e egoísta, era mais do que um chato inoportuno e obstinado. Mas também compreendeu que esse aluno precisava aprender um pouco de lógica básica. Usou de seu prestígio e, com certa inconveniência, conseguiu que Wittgenstein recebesse aulas de um eminente professor de lógica de Cambridge, W.E. Johnson, membro do Kings College. O resultado foi um fiasco. "Descobri na primeira hora que ele nada tinha para me ensinar", declarou Wittgenstein. Johnson ironicamente observou: "Em nosso primeiro encontro ele estava me ensinando." Essa arrogância e a incapacidade de ouvir iriam se tornar um traço cada vez mais dominante no caráter de Wittgenstein.

Russell, de forma generosa, definiu esse período em que conheceu Wittgenstein como "uma das mais excitantes aventuras intelectuais" de sua vida. Passaram a discutir lógica matemática, que na época era tão complexa que apenas meia dúzia de pessoas no mundo eram capazes de entendê-la. Ainda assim, segundo Russell, em dois anos Wittgenstein "aprendeu tudo que eu tinha para ensinar". Mais do que isso, Wittgenstein conseguira convencer Russell de que ele jamais voltaria a ser criativo em filosofia. Era por demais difícil para ele. Somente ele, Wittgenstein, tinha possibilidade de desbravar o caminho dali para frente.

Wittgenstein encontrara um pai substituto – e o destruíra. Felizmente, seu intelecto era tão pujante quanto sua personalidade. Na verdade, é quase impossível separar os dois, e ambos tinham agora encontrado seu objetivo na vida. Tratava-se de mais do que um simples discurso psicológico irreverente de Wittgenstein. A única coisa que poderia impedi-lo de destruir tudo, inclusive ele próprio, era a "verdade".

Não seria exagero comparar a luta de Wittgenstein com os problemas de lógica à luta de Jacó com seu anjo. Assim que descobriu a filosofia, ela se tornou para ele uma questão de vida ou morte, e qualquer pessoa que a sentisse de maneira menos intensa era vista com desprezo. Mas esse período de autoconhecimento também levou a algumas descobertas menos entusiasmantes. Wittgenstein se deu conta de que era homossexual. Gostava de passar o tempo em animadas conversas com jovens intelectuais solitários, embora não fosse capaz de macular esses relacionamentos com qualquer sensualidade. Esse elemento de sua natureza era, pode-se quase afirmar, atenuado por visitas esporádicas a Londres ou, quando voltou para casa, por ocasionais conquistas noturnas no Prater, o principal parque de Viena. Tudo isso só aumentava seu tormento psicológico. Era o gênio demoníaco em seu estado puro – aspirando às alturas, ainda que vivendo na sombra, e levado a um ponto em que estava totalmente fora de controle. Depois que seu pai finalmente morreu ("a morte mais bonita que posso imaginar, adormecendo como uma criança"), ele retornou a Cambridge disposto a enfrentar o problema da lógica com vigor renovado.

Havia, porém, momentos de relativo júbilo. Em 1913 Wittgenstein foi com seu amigo, o jovem e talentoso matemático David Pinsent, passar as férias de verão na Noruega. Ali os dois freqüentemente se divertiam como estudantes de treze anos de idade. Wittgenstein, porém, era capaz de ser um companheiro de viagem exigente, mesmo para uma pessoa condescendente e modesta como Pinsent. Todas as manhãs insistia em estudar lógica por várias horas. Nas palavras de Pinsent: "Quando trabalha, ele resmunga consigo mesmo (em uma mistura de alemão e inglês) e caminha a passos largos para cima e para baixo o tempo todo." Outras vezes era capaz de se ofender profundamente por ninharias. O fato de Pinsent parar para fotografar a paisagem, ou mesmo para conversar num trem, provocava nele uma explosão emocional seguida de um longo acesso de mau humor. É difícil determinar em que medida essas atitudes decorriam de sua avassaladora necessidade de dominar, e em que medida se deviam a ciúmes de amante (ou a outros conflitos indizíveis decorrentes de seu amor indizível).

Wittgenstein tornava-se cada vez mais excêntrico e neurótico. À medida que as férias avançavam, convenceu-se de que ia morrer e repisava o assunto com Pinsent, que concluiu que "ele estava louco". Nesse momento, desbravava novas áreas da lógica e sentia que estava perto de resolver os problemas que haviam impedido que Russell descobrisse o fundamento lógico da matemática. A única dificuldade era que agora estava certo de que morreria antes que pudesse publicar a verdade. Escreveu a Russell pedindo que se encontrassem "assim que possível", a fim de lhe dizer onde tinha falhado.

A despeito de tudo, quando retornaram à Inglaterra, Wittgenstein declarou a Pinsent que aquelas tinham sido as melhores férias que já tivera. No estilo lacônico de um genuíno inglês, Pinsent confidenciou a seu diário que Wittgenstein tinha sido "difícil às vezes", mas teve bastante bom senso para prometer a si mesmo que jamais passaria férias com ele de novo.

Nesse ínterim, Wittgenstein mantinha uma série de encontros urgentes com Russell. Estava exaltado, e Russell concluiu que era impossível acompanhar seus complexos argumentos lógicos. Ficou ainda mais exasperado quando Wittgenstein não quis se comprometer a escrever até que suas idéias chegassem à perfeição. Finalmente, Russell conseguiu convencê-lo a permitir a presença de um estenógrafo em seus encontros, a fim de que as respostas de Wittgenstein a suas perguntas exploratórias pudessem ser anotadas em taquigrafia.

Essas notas constituem a base da primeira obra de Wittgenstein, *Notas sobre lógica*, na qual faz inúmeras observações criteriosas, algumas de surpreendente simplicidade (como: "A" é o mesmo que a letra "A"). Russell entendeu imediatamente o que Wittgenstein estava tentando estabelecer: a fim de vencer as dificuldades de paradoxo, as coisas precisavam ser *mostradas* de forma simbólica ao invés de *ditas* (porque elas simplesmente não podiam ser ditas e eram de fato indizíveis). Isso era difícil de compreender em quaisquer circunstâncias. Na verdade, é provável que apenas Russell tivesse realmente entendido onde Wittgenstein queria chegar. E parecia que permaneceria assim, pois como afirmou Russell: "Eu lhe disse que não podia simplesmente *declarar* o que julgava ser verdade, mas que devia apresentar argumentos para isso, ao que ele respondeu que os argumentos prejudicam a beleza e que se sentiria como se estivesse conspurcando uma flor com mãos cheias de lama." Wittgenstein era um perfeccionista: ou se compreendia perfeitamente, plenamente e de imediato o que ele dizia, ou não havia razão alguma para ouvi-lo.

Contudo, nessa obra inédita, Wittgenstein incluiu também algumas de suas idéias a respeito da filosofia. São memoráveis por sua originalidade – ninguém pensava assim em 1912. E mostram a concepção de filosofia que iria acompanhá-lo por toda a vida: "Em filosofia não há deduções: *ela* é puramente descritiva." Em sua opinião, a filosofia não descrevia a realidade e tampouco confirmava ou refutava a investigação científica: "A filosofia é feita de lógica e metafísica: a lógica é sua base." Parecia ter pouca conexão com a realidade e estar mais vinculada ao estudo da linguagem: "Desconfiar da gramática é o primeiro requisito para filosofar."

Wittgenstein havia identificado filosofia e lógica, o que seria o embrião de grande parte de sua filosofia posterior. Poder-se-ia dizer que, daí em diante, dedicou sua vida à elaboração dessas anotações e de suas implicações. Antes, porém, de se entregar à sua nova filosofia, decidiu que talvez fosse a hora de começar a estudar um pouco de filosofia. Não navia nada errado em procurar saber o que outros vinham cogitando. Segundo Pinsent, "Wittgenstein apenas iniciou a leitura sistemática 'de filosofia' e demonstra a mais ingênua surpresa ao descobrir que todos os filósofos que ele por ignorância venerava são, no final das contas, estúpidos e desonestos, e cometem erros grosseiros." Tanto pior para a oposição.

Decidiu então que a única coisa que lhe restava era voltar à Noruega e viver em isolamento pelos dois anos seguintes "estudando lógica", atitude bem drástica, mesmo segundo os padrões wittgensteinianos. Segundo a excelente biografia de Wittgenstein escrita por Ray Monk, Russell achou a idéia "selvagem e lunática". Tentou de tudo para dissuadir Wittgenstein: "Eu disse que seria escuro e ele respondeu que detestava a luz do dia. Disse que seria solitário e ele retrucou que prostituía sua mente conversando com pessoas inteligentes. Disse que estava louco e ele replicou que Deus o preservasse da sanidade. (Deus certamente o fará.)"

Pinsent estava profundamente triste com a despedida. (Embora nenhum dos dois tivesse a menor suspeita de que esta seria a separação definitiva.) O próprio Wittgenstein mostrou-se de certo modo perplexo com sua decisão, embora estivesse absolutamente decidido a mantê-la.

Partiu para a Noruega e logo encontrou o lugar que procurava: uma cabana a noventa milhas do fiorde de Hardanger, ao qual só se podia chegar por barco a remo, saindo da remota aldeia de Skjolden. É difícil conceber um lugar na Europa mais afastado do esplendor de sofisticação em que fora criado – e essa era provavelmente a idéia.

Wittgenstein mergulhou então em um longo, frio e escuro inverno de total solidão "estudando lógica". Não era surpresa que logo estivesse escrevendo a

Russell: "Muitas vezes penso que estou ficando louco." Suas cartas a Russell, porém, também demonstravam seus admiráveis progressos em matéria de lógica – decorrência direta da tentativa de Russell de descobrir um fundamento lógico para a matemática –, mas iam além: tentavam descobrir um fundamento para a própria lógica.

Ele afirmava ser possível demonstrar que uma proposição lógica era falsa ou verdadeira, independentemente das partes que a compunham. Por exemplo, se dizemos: "Esta maçã é vermelha ou não vermelha", trata-se de uma tautologia (ou seja, é sempre verdadeiro). E isso será sempre verdadeiro, seja a maçã vermelha ou não. Da mesma forma, se dizemos: "Esta maçã não é vermelha nem não vermelha", caímos numa contradição (ou seja, isso será sempre falso). Se dispuséssemos de um método para descobrir se uma proposição lógica é uma tautologia, ou uma contradição, ou nenhuma das duas, teríamos então uma regra para determinar a veracidade de todas as proposições. Essa regra, enunciada como uma proposição, seria a base de toda a lógica.

Wittgenstein jamais teria retornado à civilização para algo tão trivial quanto proteger sua sanidade mental. No entanto, quando soube que sua mãe estava doente, sentiu-se obrigado a viajar a Viena. Ao chegar, descobriu que herdara uma fortuna, mas não queria que sua vida fosse prejudicada pelo dinheiro dos Wittgenstein e decidiu abrir mão dele. Começou por fazer doações, anonimamente, a vários poetas austríacos. A escolha dos beneficiários foi reveladora: um foi Rilke, cuja lírica refinada expressava intensa espiritualidade, e outro Trakl, que cantou sua obsessão pela culpa e a decadência em uma série de imagens sombrias e enigmáticas.

Deflagrada a Primeira Guerra Mundial, alistou-se no exército austro-húngaro e soube que seu amado Pinsent aderira ao lado oposto. Não se alistou por acreditar especificamente na causa do poder alemão, mas porque sentiu que era seu dever. Sendo um Wittgenstein, poderia facilmente ter-se tornado oficial, mas decidiu permanecer nas fileiras – uma decisão extremamente perigosa. Tratava-se do exército ridiculamente ineficaz da peça de Hasek – *As aventuras do bom soldado Svejk* –, exército cujo comandante da frente ocidental enviaria o imorredouro telegrama: "A situação é sem esperança, mas não desesperadora." Wittgenstein foi enviado para combater os russos no frente oriental, onde a carnificina era equivalente à das trincheiras da frente ocidental, na França. De início, serviu em uma canhoneira fluvial na Galícia, depois numa bateria da artilharia. Durante todo esse tempo continuou a anotar suas idéias filosóficas em cadernos. Sua filosofia era original, mas ele continuava constantemente à beira do suicídio. A despeito dessas distrações, era um soldado totalmente destemido, e sua bravura exemplar granjeou-lhe algumas medalhas. (Entre os filósofos-soldados, seu único rival foi Sócrates.)

Wittgenstein era uma paródia da personalidade impulsiva. Como era de seu feitio, não via motivo para tentar aliviar essa condição procurando a causa em sua própria estrutura psicológica. Ao contrário, se todos fossem fiéis à sua própria natureza, todos seriam assim. Racionalizou sua condição para si mesmo declarando que a vida era "um problema intelectual e um dever moral". Os aspectos intelectual e moral de sua personalidade tinham, até então, permanecido como duas entidades distintas, uma instigando a outra. Somente com a guerra as duas se uniram.

Sob constante pressão intelectual (dele mesmo) e a ameaça de morte (dele mesmo e do inimigo), mais uma vez encontrou-se em território familiar, à beira da insanidade mental. Certo dia, durante uma trégua na luta da Galícia, entrou numa livraria onde encontrou a *Breve explicação dos Evangelhos*, de Tolstoi, que acabou comprando pela simples razão de que não havia outro livro na loja. Antes era contra o cristianismo – associado com Viena, a família, a falta de um fundamento lógico, o comportamento fraco e compassivo e outros anátemas. Foi a leitura do livro de Tolstoi, no entanto, que trouxe a luz da religião à sua vida. Em poucos dias, transformara-se num cristão convicto. Essa conversão, porém, tinha um teor wittgensteiniano diferente. Com o rigor típico, lançou-se à integração de suas crenças em sua vida intelectual.

Observações de cunho religioso começaram então a despontar nas páginas de seus cadernos ao lado de apontamentos sobre lógica, e logo se torna claro que esses dois temas têm em comum mais do que o rigor intelectual. O espírito de um informa o outro de maneira imperiosa. Até mesmo sua religião devia assumir força e clareza lógicas: "Sei que este mundo existe. Que eu estou colocado nele como um olho em seu campo visual." Havia algo problemático a respeito do mundo e a isso chamamos seu significado. Mas esse significado não residia dentro do mundo e sim fora dele. "O significado da vida, ou seja, o significado do mundo, podemos chamar de Deus." Segundo Wittgenstein, rezar era refletir sobre o significado da vida. (O que significava que ele rezara toda a sua vida, mesmo quando não acreditava na existência de Deus ou na significação da vida. Wittgenstein não suportava estar errado – nunca.)

Ele passa então para a questão da vontade: um elemento dominante em sua vida, se não em sua filosofia. Começa com a indiscutível asserção de que sabe que sua vontade penetra o mundo. Declara, então, saber: "Que minha vontade é boa ou má. Por isso o bem e o mal estão de alguma forma conectados com o significado do mundo." Como pode ele, porém, "saber" que sua vontade é boa ou má – e o que quer dizer exatamente com esses dois termos? Da mesma forma, se sua vontade reside dentro do mundo e se o significado do mundo reside fora dele, é difícil ver como podem estar "de alguma forma conectados".

Uma vez mais, Wittgenstein parecia considerar que argumentos só faziam destruir a beleza de suas impactantes afirmações. Russell tentara corrigir esse mau hábito filosófico mas, naquele momento, estava trancafiado em uma prisão inglesa por protestar contra a guerra. Wittgenstein persistiria nessa postura irritante, que prejudicou seus primeiros trabalhos filosóficos. Seria isso um obstáculo? Wittgenstein parecia ter a intuição de onde queria chegar. Fazendo tais asserções surpreendentes, e deixando-as sem justificativa ou argumento claros, conferia ao que ele dizia força quase oracular. Estaria mais preocupado com o efeito do que com a verdade? Ele ficaria horrorizado com essa insinuação, embora não se possa negar essa veia tênue porém nítida do que parece, de modo suspeito, um exibicionismo que perpassa toda a sua vida e a sua obra. Goste-se ou não, sua personalidade possuía dimensões míticas (e na maioria das vezes ele de fato não gostava disso). Só se pode supor que sua tendência para a notoriedade era, pelo menos em parte, subconsciente.

Em 1918, Wittgenstein recebeu uma patente de oficial e foi transferido para a frente italiana. De algum modo conseguira corresponder-se intermitentemente com seu amado David Pinsent durante toda a guerra, mas então recebeu a notícia de que David tinha sido morto. "Gostaria de lhe dizer o quanto ele o amou até o fim", escreveu a mãe de Pinsent, sem perceber a ironia de seu comentário. (Tudo indica que David Pinsent permaneceu inconsciente da verdadeira natureza de seus sentimentos por Wittgenstein ou da verdadeira natureza dos sentimentos de Wittgenstein por ele.) Wittgenstein respondeu-lhe que David foi "meu primeiro e único amigo". Ele dedicaria sua primeira obra publicada à memória de David Pinsent.

O esforço de guerra austro-húngaro resultou em rendição humilhante, em 1918. Na Itália, muitos oficiais austríacos simplesmente tomaram o trem de volta à Áustria, abandonando seus soldados à própria sorte. Mas não o tenente Wittgenstein, que teria sido incapaz dessa atitude. (É quase impossível exagerar quanto a vida de Wittgenstein era movida por princípios. Seus momentos de maior desespero sempre ocorriam quando ele temporariamente deixava de transpor seu limite e conscientizava-se do quanto sua vida estava abaixo de princípios tão elevados.)

Quando foi preso pelos italianos, levava em sua mochila o único manuscrito da obra filosófica que escrevera durante toda a guerra e que, finalmente, se intitularia *Tractatus logico-philosophicus*, a primeira grande obra filosófica da era moderna. Escrita numa série de observações numeradas, suas primeiras frases deixam claro que a filosofia ingressara em um novo estágio. "1. O mundo é tudo que é o caso. 1.1 O mundo é a totalidade dos fatos, não das coisas."

A uma afirmação clara e retumbante segue-se outra, ligadas por um mínimo absoluto de justificativa ou argumento: "1.13 Os fatos no espaço lógico são o mundo. 1.2 O mundo decompõe-se em fatos." A conclusão do livro é ainda mais memorável: "7. Sobre aquilo de que não se pode falar, deve-se calar."

Poucos alteraram o curso da filosofia de maneira tão notável. Essa perspicácia sucinta só é suplantada por Sócrates ("Conheçe-te a ti mesmo"), Descartes ("Penso, logo existo") e Nietzsche ("Deus está morto"). Nos trechos em que não é por demais técnico (no sentido lógico), o *Tractatus* é a mais estimulante obra filosófica já escrita. Sua clareza e os ousados saltos de sua argumentação a tornam às vezes quase poética, tanto quanto muitas de suas conclusões. E sua idéia básica é fácil de ser captada.

O *Tractatus* é uma tentativa de delinear aquilo de que podemos falar de forma significativa, o que conduz à questão: O que é a linguagem? Wittgenstein sustentou que a linguagem nos fornece um retrato do mundo. Essa idéia fora inspirada por uma matéria que lera num jornal sobre um processo judicial em que carros de brinquedo foram usados para representar um acidente. Os carros eram como a linguagem descrevendo o estado real das coisas. Retratavam o que acontecera. O mais importante, porém, era que compartilhavam a mesma "forma lógica" – ambos obedeciam às regras da lógica. Os carros (linguagem) também podiam ser usados para descrever todas as possibilidades (quase perda, engarrafamento, ausência do carro que supostamente causara o acidente etc.). Mas não podiam descrever dois carros ocupando o mesmo espaço ao mesmo tempo, ou um carro ocupando dois espaços distintos ao mesmo tempo. A forma lógica impedia que isso acontecesse – tanto na realidade quanto na linguagem.

Quando analisada até suas proposições mínimas, a linguagem consiste em retratos da realidade. Dessa forma, as proposições podem representar o todo da realidade, todos os fatos – porque as proposições e a realidade têm a mesma forma lógica. *Elas não podem* ser ilógicas.

Os limites da linguagem são os limites do pensamento, porque tampouco este pode ser ilógico. Não podemos ir além da linguagem, já que fazê-lo seria ir além dos limites da possibilidade lógica. As proposições lógicas da linguagem são um retrato do mundo e nada mais podem ser. Nada podem dizer sobre qualquer outra coisa. Isso significa que certas coisas simplesmente não podem ser ditas. Infelizmente, as afirmações do *Tractatus* se enquadram nessa categoria, uma vez que não são retratos do mundo.

Wittgenstein compreendeu isso e, ao tentar vencer essa dificuldade, ateve-se à sua idéia anterior de que, embora não se possa *dizer* que certas coisas são verdadeiras, pode-se *demonstrar* que elas são verdadeiras. Admitiu que no *Tractatus* tentava dizer o que de fato só pode ser demonstrado; no entanto, conclui o livro com seu celebrado e solene pronunciamento que proíbe outros de tentar o mesmo ("Sobre aquilo de que não se pode falar, deve-se calar.").

É inevitável que Deus se enquadre nessa categoria de coisas das quais não se pode falar. Nada podemos dizer sobre Deus, porque a linguagem só retrata a realidade. Contudo, Wittgenstein afirma que coisas como Deus de fato existem: apenas não podem ser faladas ou pensadas. "6.522 Existe, no entanto, o inexprimível. É o que se *revela*, é o místico." Coerente com seus escritos nos cadernos do tempo da guerra, o fim do *Tractatus* é uma mescla irresistível de lógica e misticismo. É muito difícil rejeitar isso como mistificação, em especial quando é expresso com tamanha clareza e força. Infelizmente, tem de ser rejeitado como filosofia – embora seja provável que se qualifique como poesia filosófica da mais alta qualidade.

Desgraçadamente, há inúmeras objeções ainda mais cruciais ao *Tractatus*. Há que se admitir que a linguagem e a realidade têm, sem dúvida, alguma relação entre si. Mas como saber que essa relação é de fato uma "forma lógica"? Wittgenstein foi forçado a camuflar essa questão, embora por certo não acreditasse que era isso que estava fazendo: destruir o pensamento. Isso seria tão impensável quanto uma impossibilidade lógica. Da mesma forma, a categoria das coisas de que não podemos falar inclui inúmeras coisas de que simplesmente devemos falar se quisermos continuar vivendo de maneira civilizada. Para começar, não podemos falar sobre o bem e o mal (ou mesmo sobre o certo e o errado). Também a "linguagem" da arte se enquadra nessa categoria, uma vez que é, em sua essência, ilógica. Sendo metafórica, uma obra de arte é ao mesmo tempo ela própria e algo mais. Dizer de uma obra de arte que o que ela exprime é inexprimível é uma contradição. (Até mesmo Wittgenstein acharia difícil argumentar que ela não representa absolutamente nada.) Houve quem dissesse que a própria linguagem se enquadra nessa categoria. Wittgenstein supera esse problema declarando que, já que as proposições lógicas são tautológicas, elas de fato "não dizem nada". Essa constatação, ao que parece, poria um fim à filosofia como tal. Wittgenstein tem a gentileza (ou o orgulho vaidoso) de ressaltar esse fato no prefácio do *Tractatus*.

No entanto, apesar dessas sérias objeções e da admissão da falência filosófica, a influência exercida pelo *Tractatus* foi profunda. Em especial, demonstrou ser uma inspiração para o Círculo de Viena, que formulou o positivismo lógico. A filosofia podia ter chegado ao fim, mas não impediu que os positivistas lógicos transformassem esse fim em uma filosofia nova e própria. Segundo os positivistas lógicos, o significado de qualquer proposição reside em sua forma de verificação. Existem dois tipos significativos de proposição. No primeiro caso, encontrado na matemática e na lógica, o significado do sujeito está contido no significado do predicado. Eles são tautológicos, ou seja, verdadeiros por sua própria evidência, o que pode ser verificado pela comparação do sujeito com o predicado; por exemplo, "doze menos dez é igual a dois". O segundo tipo de proposição é verificável mediante observação, ou seja, "a bola está rolando colina abaixo". Se não se pode verificar um enunciado, ele é vazio de significado. Isso excluía toda a metafísica, que abrigava enunciados teológicos como "Deus existe". Segundo Wittgenstein, uma pergunta como "Deus existe?" não é apenas impossível de ser respondida, mas, antes de mais nada, impossível de ser formulada, uma vez que ultrapassa os limites da lógica, tornando-se, assim, sem significado. Simplesmente não podemos falar de maneira significativa sobre o que não seja tautológico ou então verificável mediante observação.

Wittgenstein deu os toques finais ao *Tractatus logico-philosophicus* enquanto era mantido, em condições de privação extrema, num campo italiano de prisioneiros de guerra em Cassino. Dali conseguiu fazer contato com Russell e, finalmente, o *Tractatus* foi publicado com prefácio deste. O prefácio insultou e desiludiu Wittgenstein, que considerou que Russell não tinha entendido o livro. Wittgenstein insistiu na inclusão de uma introdução sua, a título de correção, onde modestamente destaca que sua obra contém "a inatacável e definitiva... *verdade* ... a solução final do problema (da filosofia)". Pelo menos, entretanto, ele admite: "Quão pouco se consegue quando esses problemas são resolvidos."

Tendo posto um fim à filosofia, Wittgenstein, de forma bastante lógica, não viu razão para persistir no assunto. Quando retornou à Áustria, após a guerra, começou a procurar um novo campo de interesse. Pensou em entrar para um mosteiro, mas considerou o monge que o recebeu no portão demasiado rude, abandonou a idéia e foi trabalhar como jardineiro nos jardins do mosteiro. Estava decidido a viver uma vida de santo (embora sua filosofia tivesse negado aos santos uma existência significativa, tornando-os indizíveis). Na realidade, Wittgenstein era mais uma vez mais um homem profundamente atormentado. Em conseqüência de sua conversão na época da guerra, acreditava agora em assumir uma vida espiritual simples, bastante semelhante àquela pregada por Tolstoi em seus últimos anos.

O império austro-húngaro estava em ruínas e a própria Áustria falida – tanto espiritual quanto financeiramente. Contudo, seguindo instruções deixadas por Karl Wittgenstein antes de sua morte, a fortuna da família havia sido reinvestida na América. Para irritação extrema de seu filho Ludwig, isso significava que estava ainda mais rico do que antes da guerra, quando tentara doar sua herança. Nos intervalos da capinagem nos jardins do mosteiro, Wittgenstein ia a Viena para certificar-se de que dessa vez o advogado da família seguira suas instruções *ao pé da letra* e doara *toda* a fortuna que recebera como herança. Isso demorou algum tempo, já que o advogado da família a princípio considerou impossível acreditar em suas ordens e, depois, considerou igualmente impossível acreditar na quantia da qual teria que se livrar. Mas finalmente conseguiu transferir a maior parte às irmãs de Wittgenstein, que já não queriam ver a fortuna da família fragmentada em doações a outros poetas mundanos ou alcoólatras.

Livre da filosofia e dos milhões herdados, Wittgenstein decidiu tornar-se professor em uma aldeia distante nas montanhas da Baixa Áustria. Depois de recusar um vilarejo porque tinha um pequeno e agradável parque com uma fonte ("Isso não é para mim, quero um lugar totalmente rural"), decidiu-se finalmente pelo pobre povoado de Trattenbach.

A temporada de Wittgenstein no local foi uma catástrofe para todos os que dela participaram. Com arrogância aristocrática, começou a instilar seus novos princípios espirituais nos filhos dos camponeses e os pais se ofenderam. (Não precisavam de aulas sobre pobreza e simplicidade.) Os aldeões tementes a Deus igualmente se ofenderam quando seu ilustre mestre recusou-se a freqüentar a igreja porque julgava os sermões espiritualmente vazios. Sentiram-se ainda mais rejeitados quando recusou-se a acompanhá-los para um drinque no *Bierstube* local, preferindo ficar em seu despojado quarto, tocando clarineta (e pensando em suicídio). Depois de alguns anos, a situação chegou ao clímax. Em um incidente na escola, Wittgenstein agrediu uma criança, o que excedeu todas as proporções, e os camponeses conseguiram se ver livres de seu impossível autoproclamado santo.

Wittgenstein voltou a Viena, onde sua família começou a se preocupar seriamente com sua saúde mental. Por fim, uma de suas irmãs encarregou-o de construir uma casa nova para ela. Wittgenstein entregou-se à tarefa com o empenho característico, desenhando um edifício moderno, como um bloco, totalmente desprovido de qualquer ornamento. Entretanto, essa construção não seria simples, uma vez que cada detalhe do projeto tinha de ser executado com exatidão frenética. Uma parede inteira foi demolida quando se descobriu que uma janela estava fora de lugar uns poucos centímetros, cada maçaneta tinha que ser feita com uma determinada intenção, os trincos das janelas foram considerados esteticamente inaceitáveis e assim por diante. Os construtores foram levados à loucura por seu exigente mestre de obras. Mas não podiam se permitir abandonar o serviço desse lunático que construía uma moderna prisão residencial de três andares para sua irmã milionária, uma vez que nas ruas de Viena o povo morria de fome.

Essa casa ainda existe na Kundmangasse, uma rua próxima ao canal do Danúbio, num bairro da zona leste de Viena. Em aparência o edifício é antes um bloco em estilo modernista, bastante comum no início do século XX, com três andares e fileiras de janelas grandes e simples. Quando localizei pela primeira vez a *Wittgensteinhaus* há muitos anos, informaram-me que não estava aberta ao público. Desapontado, fiquei de pé na rua tentando olhar através das janelas, num esforço para ver como era por dentro. Através de uma das janelas, vi uma escadaria, que a cruzava em sentido diagonal. Depois de alguns momentos virei-me rapidamente. Uma mulher começara a subir a escada, e eu inadvertidamente me peguei olhando por baixo de sua saia. Esse erro arquitetônico tinha sem dúvida sido desprezado pelo arquiteto, em meio à sua obsessão com interruptores posicionados de maneira precisa e impecavelmente desenhados e coisas do gênero. (Num paralelo notável, a segunda filosofia de Wittgenstein – que devia estar se formando em sua mente nessa época – mostra características extraordinariamente semelhantes em sua obsessão pelo detalhe e o total desrespeito pelas necessidades das pessoas que, espera-se, conviverão com ela.) Quando vi pela última vez a *Wittgensteinhaus*, há alguns anos, esta abrigava de forma ostensiva o Instituto Búlgaro de Cultura – um conceito que podia não ter resistido à análise lógica rigorosa praticada pelo criador do edifício. Naqueles dias que antecederam a queda da Cortina de Ferro o lugar era um ninho de espiões.

Ao mesmo tempo em que construía a casa para a irmã, Wittgenstein começou a se encontrar regularmente com membros do Círculo de Viena. Esse grupo de discussão era constituído por alguns dos cérebros mais sofisticados da Europa central, inclusive o filósofo Schlick (mais tarde morto com um tiro por um estudante insatisfeito com os resultados de seu exame) e o lógico Carnap (que acreditava que todos os problemas filosóficos seriam resolvidos se todos nós começássemos a falar esperanto). Os membros do Círculo de Viena estavam dedicados à tarefa de transformar as idéias do *Tractatus* na virulenta antimetafísica do positivismo lógico. Ficaram perplexos quando descobriram que o próprio Wittgenstein era um homem profundamente espiritual. Poderiam ter se prevenido, no entanto: o *Tractatus* apresenta uma corrente predominante de misticismo enigmático. ("O que é místico é *que* o mundo exista, não *como* o mundo é.") A título de explicação, Wittgenstein declarou que o que *não* tinha dito no

*Tractatus* era muito mais importante do que o que *tinha* dito. As mentes mais brilhantes da Europa central ouviram num silêncio perplexo seu herói tentar explicar o que não tinha dito, o que não podia ser dito. Esse dilema filosófico fez com que Wittgenstein entendesse que, afinal, ele talvez não tivesse tido êxito total ao eliminar a filosofia.

O acontecimento era único. Nunca antes um grande filósofo havia admitido, ainda que para si mesmo, que sua filosofia estava equivocada. Mas Wittgenstein, como de hábito, foi um passo além. Já que sua filosofia estava errada, então toda a filosofia estava obviamente errada. Ele se engajava agora em sua segunda tentativa de destruir a filosofia – de uma vez por todas.

Em 1929 voltou a Cambridge. O único filósofo no mundo que podia possivelmente ter entendido o que dizia era Russell, mas logo tornou-se claro para este que tampouco ele tinha idéia do que Wittgenstein dizia. Mas, de qualquer modo, decidira admiti-lo como Fellow do Trinity College (apesar de ele sequer ter obtido um diploma).

Wittgenstein continuaria dando aulas em Cambridge pelos próximos dezoito anos – o tempo todo se recriminando por fazer algo tão "desonesto" e descrevendo a filosofia como "uma espécie de morte em vida". Em suas aulas, começou a elaborar sua nova filosofia: a antifilosofia. Foram aulas lendárias, realizadas nas salas asceticamente nuas, que ainda podem ser vistas em Whewell Court no Trinity College, dando para um pátio gramado – pequeno e silencioso – com uma estátua em bronze de um jovem nu. O único ornamento nas salas de Wittgenstein era um cofre, onde guardava os papéis contendo a filosofia que ninguém mais podia entender, caso alguém os roubasse. Aos poucos eleitos que tinham permissão para freqüentar suas aulas pedia-se que trouxessem cadeiras dobráveis. Todos se sentavam em silêncio enquanto Wittgenstein segurava a cabeça "pensando". De vez em quando, aparentando um esforço extremo, o filósofo dava à luz um "pensamento". Em se tratando de qualquer outra pessoa, poderia parecer uma demonstração ridiculamente pretensiosa de "pensamento original". Mas todos os presentes concordavam que a atmosfera era eletrizante. De vez em quando Wittgenstein submetia um de seus "alunos" a um interrogatório severo. Entre estes encontravam-se algumas das cabeças mais brilhantes de Cambridge, o habitual jovem intelectual solitário e, nos últimos anos, um negro da força aérea americana que um dia entrou sem ser convidado e foi solicitado a ficar por causa de seu "rosto jovial". (Enquanto isso, professores de Cornell e similares, que tinham atravessado o Atlântico para ouvir Wittgenstein, estavam sujeitos a não serem admitidos.)

Todos estão de acordo em que, quando Wittgenstein interrogava um de seus alunos sobre uma questão filosófica, o equivalente mais próximo era a Inquisição espanhola. Sua personalidade tinha tamanho poder de dominação, que reduzia a audiência a um estado de terror. O único homem que se sabe tê-lo enfrentado foi Alan Turing, o inventor do computador e um dos mais refinados matemáticos da época (mais tarde forçado a abandonar a carreira matemática para ganhar a Segunda Guerra Mundial decifrando o código secreto dos alemães.) Em uma de suas aulas, Wittgenstein sugeriu que um sistema – por exemplo, a lógica ou a matemática – poderia permanecer válido mesmo que contivesse uma contradição. Turing discordou: não tinha sentido construir uma ponte com base numa matemática que contivesse uma contradição oculta, sob pena de a ponte cair. Wittgenstein não aceitava isso: considerações de ordem empírica não desempenhavam qualquer papel na lógica. Mas Turing recusava-se a se deixar intimidar e continuou a insistir que a ponte cairia. (O paralelo com a aplicação da filosofia de Wittgenstein a outras áreas na vida real fornece alimento interessante para reflexão.)

Durante sua permanência em Cambridge, Wittgenstein tornou-se uma espécie de *monstre sacré* para a universidade. Costumava aparecer nas reuniões semanais do Clube de Filosofia e monopolizar as discussões, destruindo de forma agressiva os argumentos de professores e alunos de graduação. Permanecia totalmente só, mas conseguiu estabelecer alguns relacionamentos com jovens intelectuais solitários e acabou vivendo com um deles. Invariavelmente dominava essas relações, na sua maior parte platônicas, mas muitas vezes causava grande dano a seus companheiros. Insistia em que desistissem de seus objetivos acadêmicos e vivessem uma vida de simplicidade tolstoiana – trabalhando em uma fábrica local ou como porteiro de hospital.

Quando irrompeu a Segunda Guerra Mundial, também ele tornou-se porteiro de hospital. Felizmente, seus amigos bem situados na universidade tinham conseguido assegurar-lhe a nacionalidade britânica, mas ele sofria profundamente pelo fato de estar a salvo, enquanto suas irmãs permaneciam na Viena ocupada pelos nazistas. Os Wittgenstein eram judeus e, apesar de serem os equivalentes austríacos dos Rothschild, sua segurança estava longe de estar garantida. (Ludwig não foi o único a herdar o traço de arrogância dos Wittgenstein. Quando um oficial nazista informou sua irmã de que não deveriam temer serem classificados como judeus, ficou bastante indignada. Nenhum aventureiro jamais diria aos Wittgenstein o que eram ou o que não eram – e insistiu em que fossem expedidos de imediato documentos que comprovassem seu sangue judeu.)

Em 1944 Wittgenstein voltou a Cambridge e começou a preparar para publicação um manuscrito contendo sua nova filosofia, publicado finalmente em 1952 sob o título *Investigações filosóficas*. Juntamente com o *Tractatus*, que ele então renegava, foram os dois únicos livros preparados por ele, em vida, para publicação. Depois de sua morte, surgiram mais de meia dúzia de obras, que consistiam em notas de aulas tomadas por seus "alunos" e vários cadernos guardados em seu famoso cofre.

Algumas pessoas consideraram particularmente simbólico que esse cofre fosse o único luxo que Wittgenstein se permitira durante seu longo período de ascetismo. O homem que exigia clareza tanto em sua vida quanto em sua obra guardava consigo muitos segredos obscuros. Da mesma forma, outros comentaram sobre a semelhança entre seu pronunciamento "Sobre aquilo de que não se pode falar, deve-se calar" e sua atitude em relação à sua homossexualidade. Uma vida intensa como a de Wittgenstein está fadada a ser pródiga nesse tipo de paralelo. Nesse ponto, porém, melhor seria seguir outra de suas famosas observações: "Pouco do que é significativo pode ser dito sobre tais assuntos, eles podem apenas ser mostrados."

Em comparação com o *Tractatus*, as *Investigações filosóficas* são uma amarga decepção. A lucidez e a ousadia do *Tractatus* são substituídas por uma análise lógica minimalista de sensações pessoais e do significado das palavras. Não há mais filosofia, apenas o ato de filosofar – que consiste na elucidação de equívocos em nossa forma de pensar. Esses equívocos decorrem de erros lingüísticos, uma vez que a linguagem não é um retrato do mundo, e sim uma espécie de rede formada por inúmeros pedaços de cordas que se intercomunicam. Nossa compreensão chega a um impasse quando empregamos erroneamente uma palavra em uma situação em que ela não se aplica. O papel da filosofia é, a duras penas, solucionar esse impasse. Por isso, a filosofia é hoje tão complexa (e tão tediosa). A longa e gloriosa tradição da filosofia e suas questões profundas, que eram parte integral de nossa cultura, estão agora reduzidas à investigação lingüística. A última filosofia de Wittgenstein foi comparada recentemente à Teoria das Supercordas em ciência, que estabelece que as partículas subatômicas fundamentais formadoras do universo são como pedaços de cordas interligados. Essa comparação é falsa – apenas uma dessas teorias intricadas seria possivelmente interessante.

Tendo delineado sua segunda filosofia, Wittgenstein partiu de novo para uma vida de solidão e ascetismo. Viveu por algum tempo em uma cabana distante no oeste da Irlanda, onde pensava e alimentava gaivotas. Logo, porém, estava doente demais para viver uma vida tão austera e começou a morar com vários amigos na Inglaterra e na América. Finalmente, um câncer foi diagnosticado e ele morreu em Cambridge em 29 de abril de 1951. Seu túmulo, com uma lápide adequadamente despojada, apenas contendo seu nome e datas, pode ser visto no cemitério gramado, agradavelmente descuidado, da igreja católica de St. Giles (um quilômetro e meio depois da própria igreja, seguindo a Huntingdon Road). Quando visitei o lugar, numa tarde fria e nevoenta de fevereiro, um admirador havia plantado na beirada do túmulo de Wittgenstein pequeninos amores-perfeitos que florescem no inverno (o que muito provavelmente não contaria com a aprovação estética de seu ocupante). A lápide propriamente dita estava ligeiramente arranhada – sugerindo cuidados um pouco mais grosseiros (ou talvez desrespeitosos) de universitários. Até hoje o notório *filosoficida* continua a atrair seus indesejados devotos.

# POSFÁCIO

. . . . . . . . . . . .

Como decorrência da segunda filosofia de Wittgenstein, as questões anteriormente tratadas pela filosofia passaram agora aos domínios da poesia. Do jeito que caminha a poesia, parece que não serão tratadas aqui por muito tempo tampouco. Aprendemos a viver sem Deus e parece que teremos que aprender a viver sem filosofia. Ela irá, *hélas*, engrossar as fileiras dos assuntos esgotados (e tornados completamente espúrios), como a alquimia, a astrologia, o amor platônico e o estilismo.

# ALGUNS ARGUMENTOS-CHAVE

. . . . . . . . . . . . .

Wittgenstein abre seu *Tractatus logico-philosophicus* com duas observações surpreendentes:

1 O mundo é tudo que é o caso.

1.1 O mundo é a totalidade dos fatos, não das coisas.

Tendo feito essas afirmações sem fundamento, continua a argumentar:

1.12 Pois a totalidade dos fatos determina o que é o caso e também tudo que não é o caso.

1.13 Os fatos no espaço lógico são o mundo.

Isso conduz a:

2 O que é o caso, o fato, é a existência de estados de coisas.

2.01 O estado de coisas é uma ligação de objetos (coisas).

Declara então:

2.012 Na lógica, nada é casual: se uma coisa *pode* aparecer no estado de coisas, a possibilidade do estado de coisas já deve estar prejulgada na coisa.

Mais tarde, define sua posição ética:

6.421 É claro que a ética não se deixa exprimir.
A ética é transcendental.
(Ética e estética são uma só.)

6.43 Se a boa ou má volição altera o mundo, só pode alterar os limites do mundo, não os fatos; não o que pode ser expresso pela linguagem.

Revela que sua atitude é essencialmente mística:

6.432 *Como* seja o mundo, é completamente indiferente para o Altíssimo. Deus não se revela *no* mundo.

Isso o leva a denegrir a filosofia:

6.53 O método correto da filosofia seria propriamente este: nada dizer, senão o que se pode dizer; portanto, proposições da ciência natural – portanto, algo que nada tem a ver com a filosofia; e então, sempre que alguém pretendesse dizer algo de metafísico, mostrar-lhe que não conferiu significado a certos sinais em suas proposições.

Denigre então sua própria filosofia com modéstia:

6.54 Minhas proposições elucidam dessa maneira: quem me entende acaba por reconhecê-las como contrasensos após ter escalado através delas – por elas – para além delas. (Deve, por assim dizer, jogar fora a escada, após ter subido por ela.)

Isso conduz ao seu desfecho final e controverso:

7 Sobre aquilo de que não se pode falar, deve-se calar.

(Excertos extraídos da edição bilíngüe do *Tractatus logico-philosophicus.* Trad., apres. e estudo introdutório de Luiz Henrique Lopes dos Santos. 2ª ed. rev. e ampl. São Paulo: EDUSP, 1994)

Em sua obra posterior, *Investigações filosóficas,* Wittgenstein reduz a filosofia à análise lingüística:

30 Poder-se-ia, pois, dizer: A definição ostensiva elucida o uso – a significação – da palavra, quando é claro que papel a palavra deve desempenhar na linguagem. Quando sei, portanto, que alguém quer elucidar-me uma palavra para cor, a elucidação ostensiva "Isto chama-se 'sépia'" ajudar-me-á na compreensão da palavra. – E isto se pode dizer, se não se esquecer que todas as espécies de perguntas ligam-se à palavra "saber" ou "ser claro".

Elabora a questão com um exemplo complementar:

31 Quando se mostra a alguém a figura do rei no jogo de xadrez e se diz "Este é o rei do xadrez", não se elucida, por meio disso, o uso desta figura, a menos que esse alguém já conheça as regras do jogo, até esta última determinação: a forma de uma figura de rei. Pode-se pensar que já aprendera as regras do jogo, sem que se lhe tenha mostrado uma figura real. A forma da figura do jogo corresponde aqui ao tom, ou à configuração de uma palavra.

Isso finalmente o leva à conclusão:

123 Um problema filosófico tem a forma: "Não me sei orientar".

Adverte, porém:

124 A filosofia não deve, de modo algum, tocar no uso efetivo da linguagem; em último caso, pode apenas descrevê-lo.
Pois, também não pode fundamentá-lo.
A filosofia deixa tudo como está.

Em conseqüência, o âmbito da filosofia é reduzido de maneira drástica:

125 Não é tarefa da filosofia resolver a contradição por meio de uma descoberta lógica ou lógico-matemática. Mas tornar visível o estado da matemática que nos inquieta, o estado *anterior* à resolução da contradição. (E com isto não se elimina uma dificuldade.)

Isso leva a uma situação confusa da qual parece quase impossível escapar:

> O fato fundamental aqui é que fixamos regras, uma técnica, para um jogo e que quando seguimos as regras, as coisas não se passam como havíamos suposto. Que, portanto, nos aprisionarmos, por assim dizer, em nossas próprias regras.
> Este aprisionamento em nossas regras é o que queremos compreender, isto é, aquilo de que queremos ter uma visão panorâmica.

(Excertos extraídos de *Investigações filosóficas*. Trad. de José Carlos Bruni. 3ª ed. São Paulo: Abril Cultural, Col. "Os Pensadores", 1984.)

# CRONOLOGIA DE DATAS SIGNIFICATIVAS DA FILOSOFIA

. . . . . . . . . . . .

| | |
|---|---|
| *séc. VI a.C.* | Início da filosofia ocidental com Tales de Mileto. |
| *fim do séc. VI a.C.* | Morte de Pitágoras. |
| *399 a.C.* | Sócrates condenado à morte em Atenas. |
| *c.387 a.C.* | Platão funda a Academia em Atenas, a primeira universidade. |
| *335 a.C.* | Aristóteles funda o Liceu em Atenas, escola rival da Academia. |
| *324 d.C.* | O imperador Constantino muda a capital do Império Romano para Bizâncio. |

| | |
|---|---|
| *400 d.C.* | Santo Agostinho escreve as *Confissões*. A filosofia é absorvida pela teologia cristã. |
| *410 d.C.* | Roma é saqueada pelos visigodos. |
| *529 d.C.* | O fechamento da Academia em Atenas, pelo imperador Justiniano, marca o fim da era greco-romana e o início da Idade das Trevas. |
| *meados do séc. XIII* | Tomás de Aquino escreve seus comentários sobre Aristóteles. Era da escolástica. |
| *1453* | Queda de Bizâncio para os turcos, fim do Império Bizantino. |
| *1492* | Colombo chega à América. Renascimento em Florença e renovação do interesse pela aprendizagem do grego. |
| *1543* | Copérnico publica *De revolutionibus orbium caelestium* (*Sobre as revoluções dos orbes celestes*), provando matematicamente que a Terra gira em torno do Sol. |

| | |
|---|---|
| *1633* | Galileu é forçado pela Igreja a abjurar a teoria heliocêntrica do universo. |
| *1641* | Descartes publica as *Meditações*, início da filosofia moderna. |
| *1677* | A morte de Spinoza permite a publicação da *Ética*. |
| *1687* | Newton publica os *Principia*, introduzindo o conceito de gravidade. |
| *1689* | Locke publica o *Ensaio sobre o entendimento humano*. Início do empirismo. |
| *1710* | Berkeley publica os *Princípios do conhecimento humano*, levando o empirismo a novos extremos. |
| *1716* | Morte de Leibniz. |
| *1739-40* | Hume publica o *Tratado sobre a natureza humana*, conduzindo o empirismo a seus limites lógicos. |
| *1781* | Kant, despertado de seu "sono dogmático" por Hume, publica a *Crítica da* |

| | |
|---|---|
| | *razão pura*. Início da grande era da metafísica alemã. |
| *1807* | Hegel publica *A fenomenologia do espírito*: apogeu da metafísica alemã. |
| *1818* | Schopenhauer publica *O mundo como vontade e representação*, introduzindo a filosofia indiana na metafísica alemã. |
| *1889* | Nietzsche, após declarar que "Deus está morto", sucumbe à loucura em Turim. |
| *1921* | Wittgenstein publica o *Tractatus logico-philosophicus*, advogando a "solução final" para os problemas da filosofia. |
| *década de 1920* | O Círculo de Viena apresenta o positivismo lógico. |
| *1927* | Heidegger publica *Sein und Zeit* (*Ser e tempo*), anunciando a ruptura entre a filosofia analítica e a continental. |
| *1943* | Sartre publica *L'être et le néant* (*O ser e o nada*), avançando no pensamento de |

Heidegger e instigando o surgimento do existencialismo.

*1953* Publicação póstuma de *Investigações filosóficas*, de Wittgenstein. Auge da análise lingüística.

# CIENTISTAS
*em 90 minutos*

. . . . . . . . .

*por Paul Strathern*

Arquimedes e a alavanca em 90 minutos
Bohr e a teoria quântica em 90 minutos
Crick, Watson e o DNA em 90 minutos
Curie e a radioatividade em 90 minutos
Darwin e a evolução em 90 minutos
Einstein e a relatividade em 90 minutos
Galileu e o sistema solar em 90 minutos
Hawking e os buracos negros em 90 minutos
Newton e a gravidade em 90 minutos
Oppenheimer e a bomba atômica em 90 minutos
Pitágoras e seu teorema em 90 minutos
Turing e o computador em 90 minutos

Este livro foi composto pela
TopTextos Edições Gráficas,
em Agaramond Regular,
e impresso por Cromosete
Gráfica e Editora.